Artistes | numéro **24**

GUSTAVE COURBET, LE PEINTRE EN SABOTS

Le chantre du réalisme

par Eliane Reynold de Seresin

50MINUTES

Avec la collaboration d'Anthony Spiegeler

GUSTAVE COURBET

- **Naissance ?** Né le 10 juin 1819 à Ornans.
- **Mort ?** Décédé le 31 décembre 1877 à La Tour-de-Peilz (Suisse).
- **Contexte ?** Le réalisme pictural au XIXe siècle, en écho aux préoccupations sociales de l'époque.
- **Œuvres majeures ?**
  - *Autoportrait*, dit *Le Désespéré* (1843-1845)
  - *L'Après-dînée à Ornans* (1848-1849)
  - *Les Casseurs de pierre* (1849)
  - *Un enterrement à Ornans* (1849-1850)
  - *L'Atelier du peintre* (1854-1855)
  - *Les Demoiselles en bord de Seine* (1856)
  - *L'Origine du monde* (1866)
  - *La Femme à la vague* (1868)

Insoumis, hostile à toute idée de privilège ou d'institution, Gustave Courbet foule les pavés d'une capitale en proie à de nombreux bouleversements politiques, économiques et sociaux, alors qu'il vient à peine d'avoir 20 ans. Cette époque par essence instable influence irrévocablement le regard que le peintre porte sur la société et, partant, sur l'art : le jeune homme entend bien secouer le monde artistique.

Ses œuvres trahissent, tant dans leurs thématiques que par leurs techniques nouvelles, son refus de s'inscrire dans la voie de la tradition. Il bouscule ainsi les codes artistiques qui régissent le milieu de l'art en rejetant la hiérarchie des genres, le fini lisse de la touche ou encore l'idéalisation des sujets. En hissant le quotidien et les scènes de genre au même rang que les sujets d'histoire, le genre majeur de l'époque, il se fait le chantre du réalisme et devient, presque malgré lui, le chef de file de cette nouvelle école. Socialiste, son engagement révolutionnaire lors de la Commune en 1871 lui vaut l'exil. C'est en homme affranchi qu'il meurt, sans gloire. Mais son engagement en faveur de la liberté ouvre la voie pour les grands artistes à venir que sont Édouard Manet (1832-1883), Paul Cézanne (1839-1906), Claude Monet (1840-1926), Pierre-Auguste Renoir (1841-1919) ou encore Vincent Van Gogh (1853-1890).

AU RYTHME DES TAMBOURS

Né en 1819, en pleine Restauration (1815-1830), période qui voit le retour provisoire des Bourbons sur le trône de France, Gustave Courbet grandit au rythme des bouleversements politiques qui fragilisent le pays. Onze ans après sa naissance, l'artiste connaît une première révolution avec celle de juillet 1830, dépeinte par Eugène Delacroix (1798-1863) dans sa célèbre toile *La Liberté guidant le peuple* (1830). Les Trois Glorieuses, qui désignent les journées révolutionnaires des 27, 28 et 29 juillet 1830, signent l'exil de Charles X (1757-1836), puni par le peuple pour être revenu sur la charte constitutionnelle qui encadrait les pouvoirs du roi. Louis-Philippe Ier (1773-1850) prend alors la tête de la monarchie de Juillet, mais il est renversé par la révolution de février 1848. Les idéaux révolutionnaires façonnent irrémédiablement le caractère insoumis du jeune Courbet. Celui-ci s'oppose farouchement au pouvoir mis en place par Louis-Napoléon Bonaparte (1808-1873), président de la DeuxièmeRépublique (1848-1851), puis empereur du Second Empire (1852-1870) grâce à son coup d'État du 2 décembre 1851. Bien que peintre, Courbet s'engage et prend part à la Commune (1871), une révolte populaire née suite aux protestations de la classe ouvrière face à la guerre franco-prussienne de 1870. Celle-ci signe l'exil de Napoléon III et l'avènement de la Troisième République (1870-1940), présidée à ses débuts par Adolphe Thiers (1797-1877).

SOUS LE SIGNE DE LA MODERNITÉ

Cette période de troubles est paradoxalement placée sous le signe de la modernité. La révolution industrielle, arrivée d'Angleterre à la fin du XVIIIe siècle, fait basculer la France dans l'ère frénétique du progrès. Les transports se développent grâce à l'invention de la machine à vapeur : la locomotive, inventée en 1804 par Richard Trevithick (1771-1833), bouleverse le quotidien des Français. D'autre part, l'acier remplace les pierres séculaires et impose sa dentelle pour la construction des habitations, des monuments ou des ponts. Le visage de la France change. Mais si l'essor industriel offre la promesse d'un monde meilleur et d'un confort certain, engendrant les premières spéculations et la naissance du capitalisme, tous ne profitent pas du progrès. Dès lors, l'époque voit naître une lutte entre deux classes sociales : la bourgeoisie et le peuple. Contestant l'ordre établi, ce dernier revendique des droits, asseyant dès lors les idéaux du socialisme né dans les années 1820-1830. Louis de Rouvroy, duc de Saint-Simon (1675-1755), Charles Fourier (1772-1837) et Pierre-Joseph Proudhon (1809-1865) sont, en France, les principales figures de cette idéologie. Bercé par ces idées, Gustave Courbet assume et revendique son côté socialiste. Empreint de respect pour la paysannerie, ce provincial d'Ornans ne peut rester indifférent à la cause commune et se bat aux côtés des délaissés.

C'est également à cette époque que l'on voit éclore le positivisme et le matérialisme, dont la particularité est de s'intéresser au « comment » et non au « pourquoi ». Courbet, profondément ancré dans son époque est, à l'image de nombre de ses pairs, athée et matérialiste, et se sent concerné par les préoccupations sociales populaires, loin d'un idéalisme déconnecté du quotidien. Influencé par Proudhon, fervent adepte d'une économie mutualisée et du fédéralisme politique, il souhaite créer une société d'artistes. Le peintre couche peu à peu ses idées révolutionnaires et sociales sur la toile, ses œuvres devenant ainsi le reflet des préoccupations du siècle. Désormais, la peinture est synonyme de projet social : son tableau *L'Atelier du peintre* (1854-1855) est particulièrement représentatif de cette ambition.

LE RÉALISME, UNE NOUVELLE VOIE ARTISTIQUE

Refusant l'idéalisation, le réalisme représente une alternative entre le néoclassicisme et le romantisme. En effet, entre la perfection héritée de l'idéal gréco-romain et les mouvements d'âme de l'individu, le réalisme ouvre une troisième voie, celle de la quotidienneté. Il s'agit de produire un art vivant et ancré dans la réalité de son époque. On comprend dès lors l'influence décisive de Courbet sur les mouvements artistiques ultérieurs.

Obsédé par la vraisemblance et le souci de réalisme, Gustave Courbet se sert beaucoup des nouvelles technologies, et en particulier de la photographie, inventée par Nicéphore Niepce (1765-1833) en 1826. On retrouve dans son atelier de nombreuses épreuves de femmes nues, prises par les photographes incontournables de l'époque : Gaspard-Félix Tournachon (1820-1910), dit Nadar, Étienne Carjat (1828-1906) ou encore Julien Vallou de Villeneuve (1795-1866), dont les œuvres inspireront les muses de *L'Atelier du peintre* (1854-1855) et des *Baigneuses* (1853). Cette invention permet aussi de représenter certains personnages déjà décédés. Ainsi, Courbet réalise le portrait posthume de Proudhon d'après photographie : *Pierre-Joseph Proudhon et ses enfants en 1853* (1865-1867).

Et si cette technologie offre la possibilité de retoucher les toiles en atelier, Courbet n'en est pas moins l'un des premiers à exhorter les peintres à aller peindre en extérieur – une activité rendue possible grâce à l'invention des tubes de peinture par Lefranc en 1859. Contemporain de Jean-François Millet (1814-1875), chef de file de l'école de Barbizon, qui regroupe des peintres paysagistes travaillant à Barbizon et en forêt de Fontainebleau, Courbet et ce dernier ont en commun une constante recherche de justesse. Mais le réalisme ne se limite pas seulement à l'art pictural : il touche également la littérature sous la plume de Gustave Flaubert (1821-1880), Guy de Maupassant (1850-1893) et surtout Émile Zola (1840-1902). Les sujets plébéiens deviennent ainsi les objets de toutes les attentions artistiques.

LE NÉOCLASSICISME ET LE ROMANTISME

Le néoclassicisme naît vers 1760 suite à la redécouverte des sites antiques de Pompéi et Herculanum. Ce mouvement se caractérise principalement par un retour à l'idéal classique : la sobriété, les lignes épurées ou encore l'idéalisation des corps reviennent en force et prennent le pas sur la couleur. Le fini doit être lisse et la touche invisible, afin de tendre à la perfection et de correspondre au « bon goût ». L'histoire est le sujet de prédilection des peintres néoclassiques, parmi lesquels on trouve notamment Jacques-Louis David (1748-1825) et Jean-Auguste-Dominique Ingres (1780-1867).

Au début du XIXe siècle, le romantisme, né vers 1770 en Allemagne, s'impose progressivement au détriment du néoclassicisme, qui s'éteint vers 1824. Face au rationalisme et à la sobriété de ce dernier, le mouvement romantique, dont l'apogée se situe entre 1820 et 1850, prône l'exaltation des passions et le désordre. Aux grands sujets historiques, on préfère l'individualisme. Le culte du moi s'impose, laissant la part belle à l'imagination, aux sentiments et aux idéaux. Eugène Delacroix et Théodore Géricault (1791-1824) sont les plus illustres représentants de ce mouvement en peinture.

BIOGRAPHIE

L'ENFANCE DE L'ART

Né le 10 juin 1819 dans le Jura, à Ornans – lieu qui constituera une importante source d'inspiration pour son œuvre – et fils d'un propriétaire terrien également agriculteur, Gustave Courbet est l'aîné d'une famille aisée dont il est le seul fils. Il reste un an au petit séminaire à Ornans, mais rapidement une autre vocation naît et le détourne de sa voie originelle, ce qui engendre des conflits familiaux, notamment avec son père. Il est alors initié aux beaux-arts au collège de Besançon par Charles-Antoine Flageoulot (1774-1840), disciple de Jacques-Louis David. S'il est censé étudier le droit à Paris, où il arrive en 1839, il embrasse plutôt la carrière des arts, alors qu'il a tout juste 20 ans. Il fréquente différents ateliers en auditeur libre, copie les maîtres – Jean Auguste Dominique Ingres, Théodore Géricault ou encore Eugène Delacroix – au Louvre, peignant avec assiduité douze heures par jour. Il est sensible à l'école espagnole du XVIIe siècle, à la peinture vénitienne, notamment à Titien (vers 1488-1576), et aux maîtres hollandais, en particulier Franz Hals (vers 1582-1666) et Rembrandt (1606-1669). Son *Courbet au chien noir* (1842-1844), hommage aux inspirations méditerranéennes, est accepté au Salon en 1844.

LE SALON ET L'ACADÉMISME

Créée au milieu du XVIIe siècle, l'Académie royale de peinture et de sculpture régule la production artistique jusqu'au XIXe siècle, imposant aux artistes des règles strictes, notamment la hiérarchie des genres : la peinture d'histoire, allégorique ou religieuse, prévaut sur le portrait, puis sur la peinture de genre, le paysage et la nature morte. En outre, les sujets doivent être idéalisés, le fini lisse et l'Antiquité gréco-romaine constitue la référence absolue. À partir de 1725, l'exposition officielle de l'Académie a lieu dans le Grand Salon du Louvre,

Cet adoubement accroît sa motivation. Ainsi qu'il l'écrit à ses parents en avril 1845, Courbet se donne « cinq ans, au plus tard, pour avoir un nom dans Paris ». Il multiplie les autoportraits, comme pour imposer son visage au monde qu'il veut conquérir, dont *Le Désespéré* (1843-1845) ou *L'Homme à la ceinture de cuir* (1845-1846) – preuve s'il en est d'un certain narcissisme. Par ailleurs, il s'introduit peu à peu dans le milieu intellectuel parisien révolutionnaire, en fréquentant notamment la brasserie Andler, où il rencontre le poète Charles Baudelaire (1821-1867) et le critique Jean François Félix Husson (1821-1889), dit Fleury ou Champfleury. Si ces hommes de plume escaladent les barricades et créent un journal éphémère, *Le Salut public*, Courbet reste un simple observateur, mais signe tout de même l'illustration de la couverture. C'est à cette époque qu'il se lie avec le penseur socialiste Pierre-Joseph Proudhon.

SUR LES BARRICADES

En 1849, Courbet rentre définitivement à Ornans et, la même année, force les portes du Salon en envoyant neuf toiles, dont *L'Après-dînée à Ornans*, qui bouscule les codes établis. L'État se l'octroie pour le musée de Lille, offrant à l'artiste la reconnaissance de son talent. S'il devient grâce à cette œuvre une figure incontournable du milieu artistique, celle-ci marque également un premier pas vers la rupture vis-à-vis de la tradition académique. *Les Casseurs de pierre* et *Un enterrement à Ornans* (1849-1850) signent sa marginalisation définitive par rapport aux artistes du Salon. Si l'on souligne le caractère paysan du « peintre en sabots », la critique ne peut cependant évincer la question sociale posée par les toiles de Courbet, à qui l'on reproche désormais d'« encanailler l'art ».

Incompris, l'artiste réalise qu'il a un rôle à jouer dans le contre-pouvoir et n'hésite pas à mettre en avant son côté provocateur et à faire parler de lui.

Il faut attendre le coup d'État de Napoléon III en 1851 pour que le peintre, opposé au pouvoir autoritaire, fasse entendre la voix de la démocratie et du peuple. En politique comme en art, il entend s'écarter d'une voie institutionnelle toute tracée. C'est à cette époque qu'il rencontre le mécène Alfred Bruyas (1821-1877), qui lui procure l'indépendance financière qui lui manquait en lui achetant régulièrement des œuvres, dont la première est *Les Baigneuses* (musée Fabre). Réalisée en 1853, cette toile fait scandale au Salon. Napoléon III aurait, paraît-il, fouetté le fessier de la baigneuse, choquant de réalisme et de justesse à une époque prônant l'idéalisation des modèles. Sans doute en raison de leur caractère subversif, les œuvres de Courbet séduisent hors des frontières françaises, en particulier en Belgique et en Allemagne. En 1855, lorsque plusieurs de ses toiles, dont *Un enterrement à Ornans*, sont refusés au Salon, le peintre devient le fer de lance de l'opposition artistique et politique. Défiant les codes qui régissent la production artistique, il franchit un pas de plus en érigeant son propre pavillon, en marge de l'Exposition officielle, rompant ainsi définitivement avec l'académisme. En 1867, il réitère sa mise en scène, au pont de l'Alma. Ces initiatives inspireront par la suite de nombreux artistes, notamment les peintres impressionnistes, qui organiseront, dès 1874, leurs propres expositions.

En 1868, Gustave Courbet rédige *Opinion et Propos d'un citoyen d'Ornans*. La question sociale est au cœur de ses préoccupations. Deux ans plus tard, c'est en toute cohérence qu'il refuse la Légion d'honneur. Et de se justifier dans une lettre ouverte publiée par *Le Siècle*, le 3 juin 1870 : « Quand je serai mort, il faudra qu'on dise de moi : celui-là n'a jamais appartenu à aucune école, à aucune église, à aucune institution, à aucune académie, surtout à aucun régime, si ce n'est le régime de la liberté. »

À la chute du Second Empire, en 1870, Courbet devient président de la fédération des artistes. C'est ainsi que lors de la Commune, il suggère le déboulonnement de la colonne Vendôme, érigée à la gloire des guerres napoléoniennes, pour la déplacer aux Invalides. Mais la Commune de Paris, moins accommodante, vote sa destruction. Après la Semaine sanglante (épisode final de la Commune, du 21 au 28 mai 1871, qui voit la révolte réprimée dans le sang), Gustave Courbet est mis aux arrêts pour six mois à la prison de Sainte-Pélagie, en juin 1871. De cette réclusion il tirera un autoportrait. Sous la présidence de Patrice de Mac-Mahon (1808-1893), en mai 1873, le peintre est jugé responsable de la destruction de la colonne Vendôme : les frais de reconstruction lui sont donc imputés.

L'EXIL, UNE PETITE MORT

Acculé par les dettes et dans l'impossibilité de vendre ses toiles en France, Courbet finit, la mort dans l'âme, par demander l'exil à la Suisse. C'est donc au bord du Lac Léman, dans sa maison de Bon-Port, à La Tour-de-Peilz, qu'il passe ses dernières années. Il est étroitement surveillé, ainsi que sa famille, comme le prouvent les rapports policiers des archives nationales. Il expose en Autriche, en Angleterre ou aux États-Unis. Bien que souffrant de cet exil, fidèle à ses convictions, Gustave Courbet refuse de rentrer en France avant l'amnistie générale. Il attendra en vain et décède, en exil, le 31 décembre 1877.

Conformément aux souhaits de l'artiste, ce n'est qu'en 1919 que sa dépouille est transférée dans le cimetière d'Ornans, terre de ses origines.

En 2013, une demande de transfert est déposée auprès de la République française, consciente de sa dette envers cet artiste majeur, afin que le peintre repose aux côtés des plus grands au Panthéon. Si la demande n'aboutit pas, nul doute que ce geste souligne combien Courbet a marqué de son empreinte le paysage artistique et sociopolitique français.

LE RÉALISME COMME ÉTENDARD

Façonné par les œuvres romantiques et néoclassiques, Gustave Courbet reprend les codes qui régissent l'académisme et les détourne pour mieux se les approprier. Ainsi, alors que la hiérarchie des genres est l'une des règles d'or du Salon, l'artiste utilise le grand format, habituellement réservé à l'histoire, l'allégorie ou la mythologie, pour représenter des scènes de genre, considérées comme le genre le plus mineur qu'il soit. À cet égard, *Un enterrement à Ornans* est un véritable scandale, d'autant plus que l'allusion au *Sacre de Napoléon* (1807) de David est plus que revendiquée. Courbet met un banal enterrement au même niveau que la consécration du plus grand des empereurs. Par ailleurs, les personnages qui peuplent ses toiles sont des voisins et amis.

Alors que l'heure est aux élans romantiques ou à l'idéalisation néoclassique, Courbet, réaliste, dépeint avec justesse et fidélité la face sombre et basse de l'humanité. Les pieds sales, les mains calleuses, les faces rougeaudes, la réalité des corps... font de ce peintre le « Watteau du laid » – en référence au peintre Antoine Watteau (1684-1721) – pour les uns et le chantre du réalisme pour les autres. Foulant au pied l'idéalisme ainsi que le modèle antique, il expose et exacerbe le quotidien le plus banal. Il soustrait ainsi son art à la fée imagination car, comme il l'écrit, l'artiste doit faire de « l'art vivant », c'est-à-dire concret et en accord avec le réel. Ainsi, Courbet ose montrer la réalité boueuse qui constitue le quotidien des plus démunis.

En 1855, après s'être vu refuser des toiles au Salon, Courbet organise dans un pavillon dressé avenue Montaigne sa propre exposition, qui compte une quarantaine de tableaux, et hausse l'étendard du réalisme. Une enseigne accueille ainsi les curieux : « Le pavillon du réalisme – G. Courbet : exposition de quarante tableaux de son œuvre – Prix d'entrée 20 sous. » Comme l'explique Champfleury, « c'est d'une audace incroyable, c'est le renversement de toutes institutions par la voie du jury, c'est l'appel direct au public, c'est la liberté [...]. » En postface du catalogue de l'exposition, l'artiste écrit : « Le titre de réaliste m'a été imposé comme on a imposé aux hommes de 1830 le titre de romantiques. » Et Champfleury d'expliciter : « On m'appelle réaliste, je veux démontrer, par une série de tableaux connus, comment je comprends le réalisme. » (FERRIER (Jean-Louis), *Courbet, Un enterrement à Ornans. Anatomie d'un chef-d'œuvre*, Paris, Denoël, 1980, p. 62-77) Courbet est aujourd'hui considéré comme le fondateur du réalisme en peinture.

COURBET AUPRÈS DES COURBÉS

Gustave Courbet est un artiste engagé : il peint le quotidien des pauvres gens sur des formats immenses. *L'Après-dînée à Ornans*, en écho aux frères Le Nain (Antoine, 1588-1648, Louis, 1593-1648, et Mathieu, 1607-1677), des peintres français du début du XVIIᵉ siècle, desservi par un clair-obscur tout rembrantien, évoque la misère et le dur labeur de la population rurale, que l'artiste ne manque pas de défendre. *Les Casseurs de pierre* portent eux aussi le témoignage de cette classe silencieuse et opprimée qui plie sous le poids du fardeau. Courbet ne dit-il pas que l'art doit être le reflet de l'époque dans laquelle on vit ? Or le XIXᵉ siècle appelle d'inéluctables réformes sociales.

Si le peintre devient le chantre du réalisme, ce n'est pas dans une volonté de mimésis, c'est-à-dire de reproduire le plus fidèlement possible le réel, mais dans le but de dénoncer la vérité, de montrer ce que l'on ne doit pas voir et de lever le voile sur les inégalités sociales ainsi que sur les souffrances des uns quand d'autres vivent dans le confort et le luxe. D'ailleurs, quelques années auparavant, le 18 novembre 1851, Courbet écrivait à ses parents : « Peintre socialiste. J'accepte bien volontiers cette dénomination : je suis non seulement socialiste, mais bien encore démocrate et républicain, et par-dessus tout réaliste. » Partageant les mêmes idéaux que Pierre-Joseph Proudhon, il rêve d'une société meilleure. Ils ont tous deux la même opinion sur l'utilité de l'art : « L'artiste est appelé à concourir à la création du monde social, continuation du monde naturel. » (PROUDHON (Joseph-Pierre), *Du principe de l'art et de sa destination sociale*, Paris, Garnier Frères, 1865, p. 43) Ils échangent des théories quasi-philosophiques qui aboutissent à l'ouvrage *Du principe de l'art et de sa destination sociale*, rédigé par Proudhon et publié à titre posthume, dans lequel il met en exergue Courbet, ce qui emplit le peintre de fierté : « Tout Paris est jaloux [...] cela fait de moi un homme sans pareil », écrit-il dans une lettre à ses parents, le 19 juin 1865.

Peintre de la réalité, Courbet, dont le souvenir est intimement lié à la Commune, est aussi un artiste engagé qui dénonce insidieusement par son art les inégalités sociales et les privilèges iniques, politiques comme ecclésiastiques.

LE PEINTRE DE LA SENSUALITÉ

Peintre réaliste s'il en est, Courbet ne pouvait manquer de se réapproprier le sujet académique par excellence, le nu, afin de le réécrire avec son propre langage. L'artiste lève ainsi le voile sur le caractère cru de la nudité et sur l'imperfection des corps, qui les rend plus sensuels que lorsqu'ils sont idéalisés et donc déshumanisés. Les moindres défauts ne sauraient échapper à l'œil du peintre, dont le traitement focal et le travail sur la texture sont troublants de réalisme, rendant les figures presque immorales. Non content d'offrir aux corps une humanité et de les rendre ainsi désirables, certaines œuvres sont équivoques, comme *La Femme à la vague* (1868), qui ouvre le champ à différentes interprétations, quand d'autres, dont *L'Origine du monde* (1866), réalisées pour des commandes privées et non destinées au public, sont des références ouvertement sexuelles.

Mais Courbet va plus loin encore en croquant les préliminaires ou l'instant qui suit l'extase de l'acte érotique, parfois subversif, lorqu'il réunit deux personnes du même sexe. Ainsi, toutes vêtues soient-elles, *Les Demoiselles du bord de Seine* (1856) laissent peu de place à l'imagination, tant les bas de soie relevés, les yeux mi-clos et les robes sens dessus dessous sont lourds de sens. *Le Sommeil* (1866) ferme également la porte au doute et nous convie dans l'intimité d'un couple homosexuel. Suivant cet aspect de l'œuvre de Courbet, certains paysages peuvent même être interprétés différemment : d'aucuns voient en la source de la Loue et son trou noir (*La Source de Loue*, 1863) une allusion masquée à *L'Origine du monde* que Courbet peindra ouvertement, sans aucun complexe, quelques années plus tard. Réaliste et subversif, Courbet est l'un des artistes les plus controversés et les plus remarqués du XIXe siècle. Il entraîne dans son sillage une révolution politique et artistique sans précédent.

SÉLECTION D'ŒUVRES

L'APRÈS-DÎNÉE À ORNANS

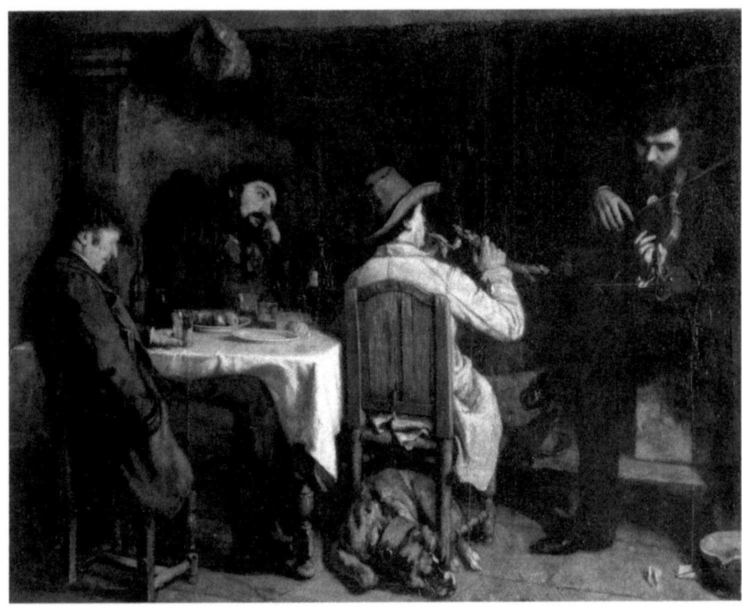

L'Après-dînée à Ornans, 1848-1849, huile sur toile, 195 x 257 cm, Lille, palais des beaux-arts.

La réception de *L'Après-dînée à Ornans* au Salon officiel de 1849 marque la reconnaissance de Courbet par les membres de l'Académie. Delacroix crie même au chef-d'œuvre. Cette toile est un hommage aux frères Le Nain ainsi qu'aux maîtres hollandais, qui ont très tôt représenté des scènes du quotidien. Le repas est en effet un motif classique de l'histoire de l'art. Le pain sur la table est synonyme de partage, tandis que le chien couché aux pieds des personnages sou-ligne sans doute la fidélité – dont l'animal est le symbole – du peintre vis-à-vis de la simplicité qu'il dépeint. En outre, cette réalisation n'est pas sans évoquer *La Vocation de saint Matthieu* (1599-1600) du Caravage (1571-1610), par sa composition, avec la table éclairée, située sur la gauche, ainsi que par la technique picturale du clair-obscur, que l'on retrouve également chez Rembrandt. En effet, le clair-obscur de cette toile évoque simultanément les deux maîtres : le premier est considéré comme le précurseur de cette technique et le second comme celui qui l'a magnifiée.

Si cette œuvre s'inscrit dans un héritage plus que respectable, elle marque néanmoins une rupture par rapport aux codes académiques en vigueur à l'époque. C'est une scène vécue, ce qui explique sa représentation presque grandeur nature. Dans la notice explicative de l'œuvre fournie par Courbet au Salon, celui-ci explique : « C'était au mois de novembre, nous étions chez notre ami Cuénot. Marlet revenait de la chasse et nous avions engagé Promayet à jouer du violon devant mon père. » Or nommer les personnages n'est pas un acte anodin, puisque cela équivaut à leur donner une existence propre. Aussi, en ancrant l'événement représenté dans un contexte et une temporalité réels, le peintre les pare-t-il d'un aspect historique. Il hisse ainsi sa scène quotidienne sur le même pied d'égalité que la peinture d'histoire, qui avait jusque-là l'apanage du grand format.

De même, Courbet refuse l'idéalisation. Et si le blanc de la nappe attire l'œil, celle-ci n'en est pas moins tachée : la perfection n'est plus. Ces simples taches soulignent de manière intrinsèque que Courbet entend représenter avec réalisme la scène telle qu'elle a eu lieu.

Enfin, le point central de la toile est le personnage qui tourne le dos, le seul qui soit peint dans des tons clairs afin d'être mis en valeur. Courbet semble ainsi signifier qu'il se détourne ostensiblement des conventions académiques et qu'il s'engage personnellement dans sa peinture. En conclusion, si de prime abord, cette œuvre reste encore classique – elle reçoit d'ailleurs la médaille de seconde classe au Salon –, elle porte en elle les germes de l'artiste révolutionnaire qu'est Courbet.

LES CASSEURS DE PIERRE

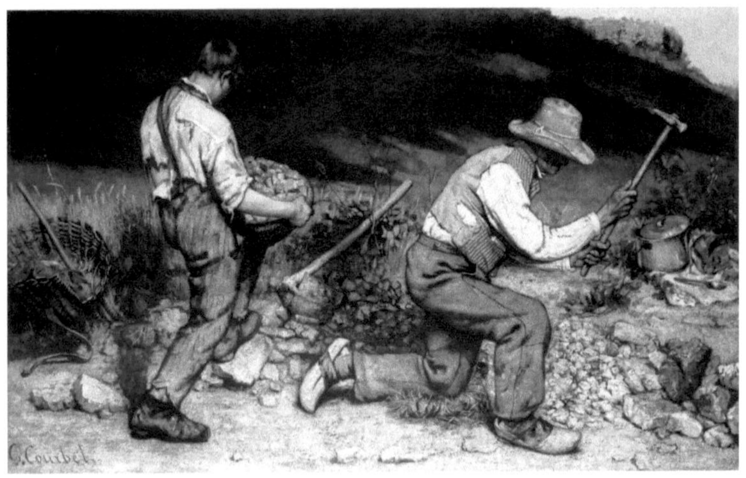

Les Casseurs de pierre, 1849, huile sur toile, 165 x 257 cm, détruite à Dresde lors des bombardements de la Seconde Guerre mondiale.

En 1855, *Les Casseurs de pierre* est rejeté par le Salon. En effet, le jury ne peut occulter la question sociale posée par ce tableau.

Les deux travailleurs semblent simplement juxtaposés sur la toile, indépendants l'un par rapport à l'autre, sans aucun lien entre eux. Seuls les outils, mis en avant par l'effet de parallélisme, les unissent dans le labeur. L'artiste a voulu, selon ses propres termes, représenter l'« expression la plus complète de la misère ». Cette toile est un véritable appel à une prise de conscience collective de la dureté de la besogne et de l'absurdité de certains travaux inhumains. Les mains des casseurs de pierre sont calleuses, la marmite et la miche de pain posées un peu plus loin représentent leur unique pitance de la journée, malgré le travail harassant, et l'univers alentour est hostile. Ils sont dépeints de dos, comme pour ne pas prendre le spectateur à témoin ni imposer leur sort. Les humbles ne baissent-ils pas les yeux ?

L'artiste peint ici ceux que l'on ne regarde pas, dans une société rythmée par la course au confort et au progrès. D'ailleurs, sans doute grâce à l'influence de la photographie, les travailleurs semblent être suspendus dans le temps, comme un arrêt sur image, afin que l'on ne puisse manquer la scène. D'aucuns voient dans la position des mains et des outils celle de Courbet en train de peindre (le tamis figurant la palette et la pioche le pinceau), ce qui souligne son engagement entier dans la toile. On trouve le même message dans *Les Cribleuses de grain* (1854).

La grandeur du format choque d'autant plus que Courbet semble ainsi signifier qu'il place les travailleurs harassés sur le même pied que les héros antiques ou bibliques qui peuplent d'ordinaire les tableaux de grande taille. Courbet signe ici le manifeste de son socialisme. Désormais, l'artiste n'est plus un simple artisan ni un artiste partisan du beau et prônant l'art pour l'art, déconnecté de toute réalité : il met son art au service des revendications sociales et se fait le défenseur des opprimés.

UN ENTERREMENT À ORNANS

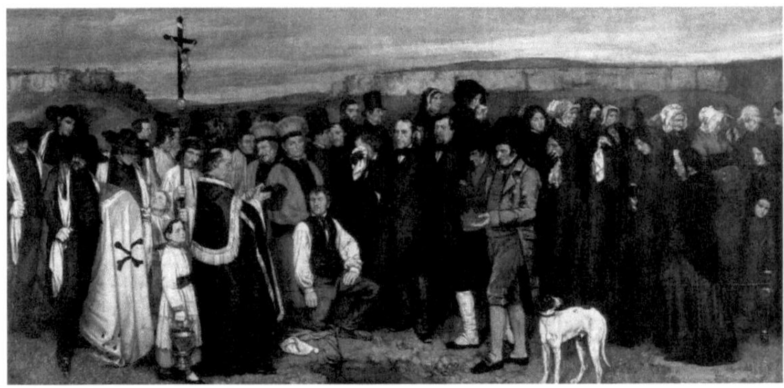

Un enterrement à Ornans, 1849-1850, huile sur toile, 315 x 668 cm, Paris, musée d'Orsay.

Cette œuvre illustre particulièrement bien la volonté du peintre de mettre à bas les codes de l'Académie. Il emploie, à dessein, une toile immense afin de représenter un banal enterrement avec des personnages qui n'ont rien d'historique, d'allégorique ou de mythologique. De plus, la présence des accessoires rituels comme l'encensoir, le crucifix ou le bréviaire ancre la scène dans la tradition populaire. Lorsque l'on sait que le titre initial de l'œuvre était *Tableau de figures humaines, historique d'un enterrement à Ornans*, on n'a plus aucun doute sur la volonté de l'artiste de transgresser la hiérarchie des genres.

Dans sa réalisation, Courbet rejette également le principe de l'action. Il se concentre en effet sur les figures, qu'il peint de manière additive : il aligne les personnages, sans qu'aucune action ne les lie entre eux. De plus, la matérialité de la peinture, épaisse et visible, s'oppose au fini soigné revendiqué par le Salon. C'est comme si l'œuvre était elle-même boueuse et le peintre un simple paysan qui aurait pu figurer dans le tableau.

Mis en rang, les villageois d'origine modeste côtoient les représentants de l'autorité, comme le maire, et les ecclésiastiques. La hiérarchisation sociale est donc elle aussi foulée au pied. Le nez rouge des bedeaux trahit le peu de respect que Courbet ressent pour ce qui a trait à l'Église. Quels que soient les privilèges acquis au sein de la société, le peintre, en évoquant le fameux *Vanitas vanitatum omnia vanitas* (« Vanité des vanités, tout est vanité ») du *Livre de l'Ecclésiaste*, grâce à la vanité gisant au premier plan, rend tous les protagonistes de son œuvre égaux face à la mort. Le trou que le spectateur voit au premier plan est donc le personnage principal de cette scène, mis en avant par le vide tracé par le troisième tiers horizontal du tableau. La diagonale du cercueil le dirige directement dans la fosse. Quant au crucifix, il s'élève au-dessus du peuple, mais il semble isolé, seul dans le ciel qui compose le premier tiers de l'œuvre. La religion apparaît ainsi comme impuissante face aux regards vides des hommes qui forment la deuxième partie horizontale du tableau.

Mais Courbet va encore plus loin. Ainsi, Jean-Jacques Mayaud, dans son analyse de l'œuvre, révèle que les personnages sont profondément républicains. Et de reconnaître Secrétan et Cardet, dont les tenues évoquent la Première République, Max Buchon, révolutionnaire de 1848, etc. Cette œuvre constitue donc une prise de position politique à l'encontre du pouvoir de Napoléon III. Ainsi, l'enterrement est sans doute celui des idéaux de la République, comme le prouvent tous ces républicains en deuil.

L'ATELIER DU PEINTRE

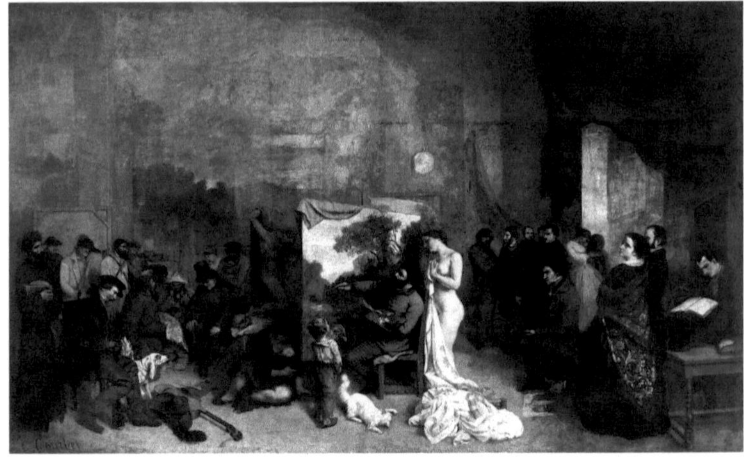

L'Atelier du peintre, allégorie réelle déterminant une phase de sept années de ma vie artistique et morale, 1854-1855, huile sur toile, 361 x 598 cm, Paris, musée d'Orsay.

En achevant L'Atelier du peintre en 1855, Gustave Courbet signe déjà son testament. Sur la gauche, séparés par le tableau qui sert presque de paravent, comme pour les cacher, se trouvent les représentants d'un monde que le peintre rejette : les « exploiteurs et les exploi-tés » qui « vivent de la mort », comme il l'écrit à Champfleury en 1854. C'est une société que le peintre veut voir expirer, tout comme les incarnations allégoriques par lesquelles il les représente. Ainsi, parmi les diverses professions dépeintes, on remarque, entre autres, le croque-mort à côté duquel gît une vanité sur le journal – il s'agirait d'Émile Girardin (1802-1881), l'allégorie de la presse, « fossoyeur de la République ». Quant au braconnier, symbole de la chasse, ses traits s'apparentent fortement à ceux de Napoléon III.

Toujours dans sa lettre à Champfleury, explicitant le tableau, Courbet évoque le groupe de droite comme étant « les gens qui [l]e servent,

[l]e soutiennent dans [s]on idée et participent à [s]on action »,
ceux « qui vivent de la vie », et identifie Promayet, Bruyas, Cuenot,
Buchon, Proudhon, Champfleury, Baudelaire (Ten-Doesschate
Chu (Petra) (éd.), *Correspondance de Courbet*, Paris, Flammarion,
1996, p. 121). Ici, ce ne sont plus des allégories, qui étaient pléthore
sous l'Ancien Régime, mais des personnes réelles qui ponctuent
son quotidien.

Au centre de l'œuvre apparaît en évidence un tableau, une sorte
de mise en abyme – du peintre se représentant en pleine action –
offrant une ouverture à un atelier anxiogène afin d'exhorter les
artistes à peindre la nature. En ce sens, la percée de ciel bleu,
qui attire irrémédiablement le regard, indique la direction vers
laquelle il faut aller : le plein air et le réalisme. On remarque que la
toile dissimule un nu idéal, académique, réalisé dans l'atelier. C'est
un saint Sébastien, sacrifié au temple des nouvelles revendications
du réalisme. La vanité à ses pieds souligne incontestablement la fin
de son règne. Désormais, il s'agit de représenter des paysages et
des corps imparfaits, situés volontairement au cœur de ce tableau.
Courbet se pose quant à lui en maître, jugeant son œuvre avec un
léger retrait, explicitant sans doute ses idées à l'innocence en sabots,
qui écoute, vierge de tout code artistique préétabli. Nous tournant le
dos, l'enfant est déjà dans la peinture, absorbé par l'œuvre. Le chat
à ses pieds symbolise quant à lui la liberté. En se mettant lui-même
en scène, Courbet montre combien l'artiste, même lorsqu'il peint
des paysages, est au cœur de sa peinture.

Ce tableau semble être une sorte de jugement dernier présidé par le
peintre. En véritable juge, Courbet condamne les institutions, leurs
règles et leurs illustres représentants face aux nouveaux élus qui
constitueront la France politique, artistique et sociale de demain.
Refusé par le Salon officiel en 1855, ce tableau, avec *Les Casseurs de
pierre*, est l'une des pièces maîtresses du pavillon du réalisme en 1855.

GUSTAVE COURBET, UNE SOURCE D'INSPIRATION

De son vivant, Courbet crée, à son insu, l'école réaliste, qui s'intéresse à la réalité sociale de l'époque. Afin d'être le plus sincère possible dans leurs œuvres, il enjoint les artistes, à sa suite, de peindre sur le motif. On sait combien les impressionnistes firent leur ce conseil. La peinture de Courbet, en effet, porte en elle les prémisses de cet important courant artistique qui naît dans son sillage. Ainsi, ses marines inspirent sans aucun doute certaines œuvres impressionnistes. La touche épaisse, qui s'oppose au trait fini académique, et les teintes violacées des nuages de *La Plage, soleil couchant* (1867) et de *La Mer* (1872) ne sont pas sans évoquer les *Bateaux de pêcheurs face aux falaises de Pourville* de Claude Monet. Aussi, loin des corps hérités de l'Antiquité et chers à l'académisme, *Jeune Femme à la coiffure* (1909) de Pierre-Auguste Renoir (1841-1919) emprunte-t-elle à *La Femme à la vague* (1868) de Courbet la position de ses bras, l'inclinaison de sa tête, ainsi que les poils sous les bras, qui ramènent le corps à l'état de nature. De même, *La Baigneuse au griffon* (1870) a une grande sa dette envers la muse de *L'Atelier du peintre*. Par le réalisme du corps imparfait (l'opulence du ventre et des fesses), la pose du modèle, le voile dissimulant à peine l'essentiel, ainsi que la présence de l'animal domestique au pied du nu, l'œuvre de Renoir ne saurait renier l'influence plus qu'évidente du maître. Enfin, notons que Courbet, par son travail sur la matière et son utilisation tardive du couteau, trouvera également en Paul Cézanne (1839-1906) un digne successeur.

Lorsque Courbet s'ouvre aux revendications sociales qui agitent le XIXe siècle, afin de dénoncer les inégalités et mettre en lumière les petites gens dont on ne parle pas, son œuvre trouve un écho particulier chez Vincent Van Gogh (1853-1890), notamment dans ses tableaux de jeunesse. Ainsi, *Les Mangeurs de pomme de terre* (1885) ne sont pas sans évoquer les tons terreux utilisés pour souligner l'indigence du monde rural dans *L'Après-dînée à Ornans*.

L'artiste, tant par ses sujets de prédilection que par sa touche et son travail sur la matière, devient le symbole d'une révolution artistique qui trouvera son plein épanouissement dans l'impressionnisme et les mouvements ultérieurs.

L'IMPRESSIONNISME

L'impressionnisme est né en 1874, lors d'une exposition organisée en marge du Salon par un groupe de peintres qui refusent les règles de l'académisme. Il est baptisé ainsi par un journaliste d'après le tableau de Claude Monet, *Impression, Soleil levant*. En effet, ces artistes privilégient l'impression, le fugitif et l'instantanéité de la lumière, faisant du paysage leur sujet de prédilection, qu'ils peignent directement sur le motif. La facture de leurs œuvres est également nouvelle, puisqu'ils peignent par petites touches de couleur. Les principaux représentants de ce mouvement sont Camille Pissarro (1830-1903), Alfred Sisley (1839-1899), Claude Monet, Berthe Morisot (1841-1895) et Pierre-Auguste Renoir.

EN RÉSUMÉ

- Gustave Courbet, né en 1819, à une époque de profonds bouleversements sociaux et politiques, entreprend de secouer le monde artistique de son époque, par son refus de s'inscrire dans la tradition académique.

- Il crée rapidement le scandale en représentant des scènes de genre sur grand format, rompant avec la hiérarchie des genres instaurée par l'art officiel. Mais le peintre franchit encore un pas de plus en organisant ses expositions personnelles, s'affranchissant ainsi définitivement du Salon.

- Au cœur de ses œuvres s'élève le chant du socialisme, né des revendications populaires et auquel Courbet adhère pleinement. Politique et art s'entremêlent : d'une part, le peintre devient le premier opposant du Second Empire et incarne le visage de la Commune, d'autre part, il ose représenter le peuple à l'égal des héros historiques.

- Refusant l'idéalisation, l'artiste insoumis entend peindre avec justesse et fidélité la face sombre et basse de l'humanité, créant un nouveau courant artistique : le réalisme. Il représente et exacerbe le quotidien le plus banal, comme en témoignent *L'Après-dînée à Ornans*, *Un enterrement à Ornans* ou encore *Les Casseurs de pierre*, qui évoquent la misère et le dur labeur de la population rurale. Si Courbet reproduit le plus fidèlement possible le réel, c'est précisément dans le but de le dénoncer.

- Non seulement Courbet crée une école, mais il influence aussi quelques-uns des plus grands peintres de la fin du XIXe siècle. Ses thèmes inspireront ainsi l'œuvre de Vincent Van Gogh et l'épaisseur de sa touche, qui rend sa peinture presque charnelle, trouvera un écho chez les impressionnistes ainsi que dans la production de Paul Cézanne.

POUR ALLER PLUS LOIN

SOURCES BIBLIOGRAPHIQUES

* ARAGON (Louis), *L'Exemple de Courbet*, Paris, Cercle d'Art, 1952.
* BAJOU (Valérie), *Courbet*, Paris, Adam Biro, 2003.
* BURGELIN (Claude) « PLANCHE Gustave (1808-1857) », sur Encyclopædia Universalis, www.universalis.fr/encyclopedie/gustave-planche, consulté le 16/08/2014.
* COLI (Jorge), *L'Atelier de Courbet*, Paris, Hazan, 2007.
* COLLECTIF, *Courbet et la Commune*, Paris, coédition RMN-Musée d'Orsay, 2000.
* « Courbet, *L'Après-dînée à Ornans* », commentaire d'œuvre, sur http://www.pba-lille.fr/spip.php?article29, consulté le 20/08/14.
* COURTHION (Pierre), *Tout l'œuvre peint de Courbet*, Paris, Flammarion, 1995.
* FERRIER (Jean-Louis), *Courbet*, Un enterrement à Ornans. *Anatomie d'un chef-d'œuvre*, Paris, Denoël, 1980.
* FRIED (Michael), *Le Réalisme de Courbet*, Paris, Gallimard, 1993.
* GEORGEL (Pierre), *Gustave Courbet, le poème de la nature*, Paris, RMN-Gallimard, 1995.
* HADDAD (Michèle) et DES CARS (Laurence) (préface), *Gustave Courbet, peinture et histoire*, Paris, Presses du Belvédère, 2006.
* ISHAGHPOUR (Youssef), « Courbet, le portrait du peintre dans son atelier », 48/14, n° 4, printemps 1997.
* « Le réalisme », sur http://www.musee-orsay.fr/fr/collections/dossier-courbet/le-realisme.html, consulté le 19/08/14.
* MAYAUD (Jean-Jacques), *Courbet*. L'Enterrement à Ornans, Paris, La Boutique de l'histoire éditions, 1999.
* PLAZY (Gilles), *Gustave Courbet, un peintre en liberté*, Paris, Cherche-Midi, 1998.

- PROUDHON (Joseph-Pierre), *Du principe de l'art et de sa destination sociale*, Paris, Garnier Frères, 1865.
- RAGON (Michel), *Gustave Courbet. Peintre de la liberté*, Paris, Fayard, 2004.
- SCHLESSER (Thomas), *Courbet, un peintre à contretemps*, Paris, Scala, 2007.
- TEN-DOESSCHATE CHU (Petra) (éd.), *Correspondance de Courbet*, Paris, Flammarion, 1996.
- TOUSSAINT (Hélène), Dossier de « L'Atelier » de Courbet, exposition Gustave Courbet, Paris, RMN, 1977.
- VIGNON (Claude), « Pour ou contre *L'Enterrement à Ornans* », in *Bulletin des Amis de Gustave Courbet*, n° 9, 1851.

SOURCES ICONOGRAPHIQUES

- COURBET (Gustave), *Autoportrait*, dit *Le Désespéré*, 1843-1845, huile sur toile, 45 x 54 cm, Paris, musée d'Orsay. La photo reproduite est réputée libre de droits.
- COURBET (Gustave), *L'Après-dînée à Ornans*, 1848-1849, huile sur toile, 195 x 257 cm, Lille, palais des beaux-arts. La photo reproduite est réputée libre de droits.
- COURBET (Gustave), *L'Atelier du peintre, allégorie réelle déterminant une phase de sept années de ma vie artistique et morale*, 1854-1855, huile sur toile, 361 x 598 cm, Paris, musée d'Orsay. La photo reproduite est réputée libre de droits.
- COURBET (Gustave), *Les Casseurs de pierre*, 1849, huile sur toile, 165 x 257 cm, détruite à Dresde lors des bombardements de la Seconde Guerre mondiale. La photo reproduite est réputée libre de droits.
- COURBET (Gustave), *Un enterrement à Ornans*, 1849-1850, huile sur toile, 315 x 668 cm, Paris, musée d'Orsay. La photo reproduite est réputée libre de droits.

SOURCES COMPLÉMENTAIRES

- *Gustave Courbet, les origines de son monde*, documentaire de Romain Goupil, Arte France-RMN, France, 2007.
- *La Place du mort*, documentaire d'Alain Joubert, musée d'Orsay, La Sept/Arte, France, 1996.
- *L'Origine du Monde*, documentaire de Jean-Paul Fargier, musée d'Orsay, Ex-Nihilo-La Sept/Arte, France, 1996.

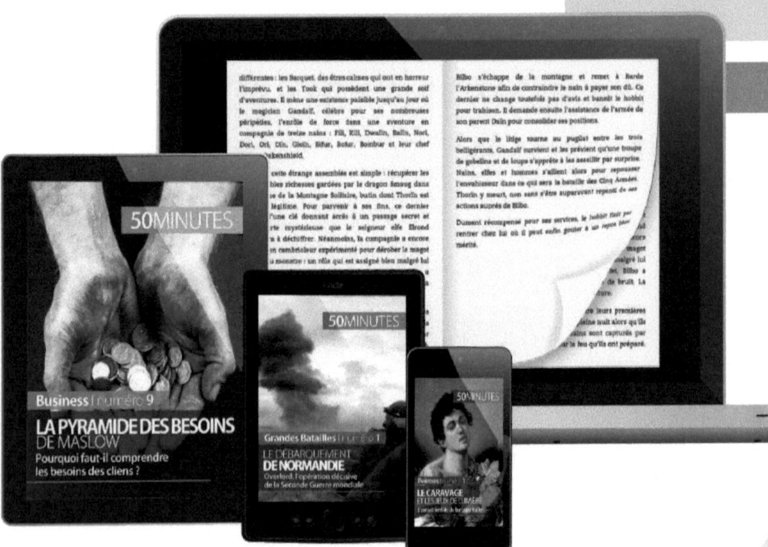

50MINUTES

Art

Business

Histoire

SOYEZ LÀ
OÙ ON NE VOUS ATTEND PAS !

www.50minutes.com

www.50minutes.com

Éditeur responsable : Lemaitre Publishing
Rue Lemaitre 4 | BE-5000 Namur
info@lemaitre-editions.com

ISBN ebook : 978-2-8062-5854-0
ISBN papier : 978-2-8062-5855-7
Dépôt légal : D/2014/12603-196
Photo de couverture : © *Autoportrait*, dit *Le Désespéré*, 1843-1845, par Gustave Courbet.

Conception numérique : Primento, le partenaire numérique des éditeurs